Bert Brecht

| Verfasser: | Language Materials Development Unit, University of York |

B. M. RUDHART

U. MORTON

Fachberater: W. Schmidt, Bensberg

Lehrerfachausschuß: Mrs. G. M. Cousins, Aston High School, Sheffield
Mr. G. Histed, David Lister High School, Hull
Mr. M. C. Neale, Kimberworth Comprehensive School, Rotherham
Mr. D. J. Roberts, Richmond School, Richmond

Bildernachweis: Ullstein/Rowolt (IN-Bild Inter Nationes e.V.)
Presse-und Informationsamt der Bundesregierung
(Bundesbildstelle, Bonn)
Saeger (IN-Bild Inter Nationes e.V.)
Zentralbild/Deutsche Demokratische Republik
MPH Studios, Leeds
British Broadcasting Corporation
Programme: Landestheater, Hannover

(P. 1642)

In this reader various theatrical terms are used. They are explained in the following list:

die Marionette, -n	marionette, puppet moved by strings; from the French name Marion, originally meaning 'little Mary' (-ette French for 'little')
das Puppenspiel, -e	performance with glove puppets
der Dramaturg, -en	literary adviser to the producer of a play
der Theaterregisseur, -e	director of a play
die Inszenierung, -en	production of a play
die Aufführung, -en	performance
die Raumbühne, -n	apron stage, a raised stage, where the audience sits around it and not in front of it, already used by the Shakespearian theatre
die Spielfläche, -n	stage
das klassische-griechische Theater	Greek classical theatre, the performances of the classical Greek tragedies written by Sophocles, Euripides
das Epische Theater	a kind of drama using epic, i.e. narrative devices which aim at instructing the on-lookers; the plot is often introduced by a narrator and devices like slides, films, pictures, posters or banners are shown during the performance
szenische Mittel	stage equipment like wings, costumes etc.

Augsburg/München
(1898–1923)

,Kurz nach Weihnachten im Jahr 1918 kam ein sehr junger Mensch zu mir,
schmächtig*, schlecht rasiert, in nachlässiger* Kleidung. Er drückte sich an
den Wänden herum, sprach schwäbischen Dialekt, hatte ein Stück
geschrieben.' So beschreibt ein bekannter Schriftsteller* den jungen
Dramatiker* Bertolt Brecht und erzählt weiter, wie erstaunt er war, daß Brecht
im Gegensatz* zu anderen jungen Dichtern* betonte*, daß er nur sein
Theaterstück geschrieben hatte, weil er Geld brauchte. Wer war dieser
Bertolt Brecht?

Brecht wurde am 10. Februar 1898 in Augsburg geboren und bekam die
Vornamen Eugen Berthold Friedrich. Sein Vater war ein reicher Mann.
Er war der Direktor einer Papierfabrik und hatte dort als kleiner Angestellter
angefangen. Augsburg, eine mittelgroße Stadt nicht weit von München, hatte
damals noch eine fast idyllische Atmosphäre. Die Einwohner waren sehr
stolz auf ihre Vergangenheit, denn in ihrer Stadt gründeten* zwei sehr reiche
Familien, die Fugger und Welser, im Mittelalter die ersten großen deutschen
Bankhäuser. Sogar der deutsche Kaiser schuldete* ihnen Geld. Gegen das
bürgerliche*, materialistische Leben seiner Vaterstadt zeigte Brecht schon früh
große Abneigung*. Er saß sonntags auf der Promenade und lachte über die
feingekleideten* Leute, die dort spazieren gingen. Er war viel lieber in dem
volkstümlichen* Augsburg, in den Vorstädten auf dem Jahrmarkt*.
Puppenspiele, Artisten und Bänkelsänger* gaben ihm die ersten Impulse für
sein dramatisches Talent. Hier fand er eine andere Welt, die ihn mehr
interessierte als sein gutbürgerliches Zuhause.

,Ich bin aufgewachsen* als Sohn
Wohlhabener* Leute. Meine Eltern haben mir
Einen Kragen* umgebunden und mich erzogen*
In den Gewohnheiten* des Bedientwerdens*.
Und unterrichtet in der Kunst des Befehlens.
Aber als ich erwachsen war und um mich sah,
Gefielen mir die Leute meiner Klasse nicht,
Nicht das Befehlen und nicht das Bedientwerden.
Und ich verließ meine Klasse und gesellte* mich
Zu den geringen Leuten*.'

Schon als sechzehnjähriger Schüler schrieb Brecht Gedichte in Augsburger
Zeitungen. In diesen Gedichten kritisierte er die Augsburger Bürger. Auch in
der Schule wollte er anders sein und hatte keinen Respekt vor den Lehrern.
Dies wurde besonders deutlich beim Beginn des 1. Weltkriegs. Jeder wollte
ein Patriot sein und für sein Vaterland kämpfen. Nur Bertolt Brecht nicht.
Kurz vor dem Abitur, der Abschlußprüfung, sollten die Schüler einen Aufsatz*
über ein lateinisches Motto schreiben. Das Motto hieß: ,Dulce et decorum est
pro patria mori', auf deutsch: ,Es ist süß und ehrenvoll* für das Vaterland zu

sterben.' Der junge Brecht war aber ganz anderer Meinung, denn er war
ein Pazifist. Er meinte, daß jeder Mensch* sein Leben mehr liebt als sein
Vaterland. Die meisten Lehrer seiner Schule waren sehr empört darüber und
wollten ihn sofort aus der Schule werfen, aber ein Lehrer verteidigte Brecht,
und Bertolt durfte sein Abitur machen. Später zeigt sich diese pazifistische
Haltung* in seinem Theaterstücken. (Er hat nie daran geglaubt, daß ein Krieg
Probleme lösen* kann.)

George Grosz — „Schwere Zeiten" 1919

Nach dem Abitur begann Brecht in München Medizin zu studieren, und da
Krieg war, mußte er auch in einem Verwundetenlazarett* arbeiten. Hier sah er
persönlich das Elend* der Soldaten und erkannte die Sinnlosigkeit* und
Brutalität des Krieges. Die Erfahrungen im Lazarett in Augsburg hat Brecht
sein ganzes Leben lang nicht vergessen. Er mußte zusehen, wie die Soldaten
vor seinen Augen starben. Er konnte nicht verstehen, wie dumm die Menschen
waren. Brecht war eigentlich ein weichherziger* Mensch, aber nun wurde er
nach außen härter. Um das Elend und den Tod im Lazarett zu vergessen,
zog er fast jede Nacht durch die Gaststätten von Schwabing, das Künstler-
und Studentenviertel von München. Dort sang er seine kritischen Songs und
Balladen. Von dieser Zeit an nannte Brecht sich nur noch Bert, denn seine
anderen Vornamen waren ihm zu altmodisch.

Die Zuschauer waren empört über Brechts drastische Sprache. Aber Brecht
wollte schockieren. Er wollte die Gesellschaft* anklagen*, er war agressiv
und konnte keine positiven Seiten des Lebens zeigen. Brecht hörte mit
seinem Medizinstudium auf und konzentrierte sich von nun an ganz auf das
Schreiben von Songs, Gedichten und Theaterstücken.

Berlin (1924–1933)

Berlin war damals die wichtigste Theaterstadt Europas, und die Berliner waren
ein beliebtes Publikum* für alle Autoren. Bertolt Brecht zog von München
nach Berlin, um dort mehr dramatische Erfahrungen zu sammeln und seine
Stücke vor diesem kritischen Publikum zu testen. Er lernte von den
berühmten Theaterregisseuren und entwickelte* eine eigene Theaterform.
Schon als Junge in Augsburg interessierte er sich mehr für die Vorführungen
auf dem Marktplatz als für das Schauspielhaus*, in dem die Zuschauer weit
entfernt von der Bühne waren. Brechts Bühne – Raumbühne genannt – will
die Spieler und Zuschauer durch die Handlung* verbinden: so ist das Theater
die Welt oder die ganze Welt ein Theater. Die Raumbühne ist nicht durch
einen Vorhang vom Publikum getrennt, die Zuschauer sitzen an mehreren
Seiten der Bühne. Schon das klassisische griechische Theater und Shakespeare
kannten diese Bühnenform. Die Spieler verlassen auch manchmal die
Spielfläche und spielen im Publikum. Sie tun nicht so, als ob die Zuschauer nicht
da wären, sondern sie sprechen mit den Zuschauern und fragen sie um ihre
Meinung. Die Raumbühne war für Brecht am besten für seine Theateridee.
Brecht will nämlich nicht, daß die Zuschauer sich mit der Handlung auf der
Bühne identifizieren, er will, daß sie mitdenken. Brechts Schauspiel auf der
Bühne soll für die Zuschauer nicht die dramatische Imitation sondern eine
Beschreibung des Lebens sein.

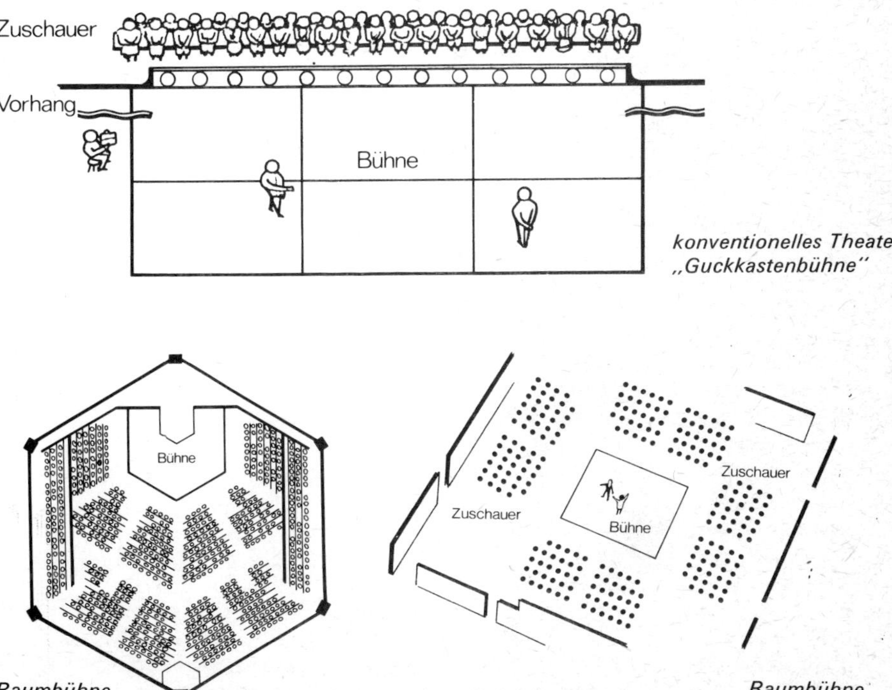

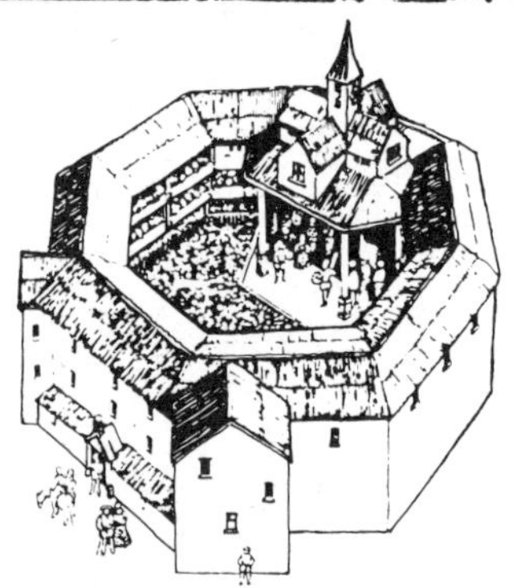

Brechts Theater heißt deshalb: das ‚Epische Theater'. Er will berichten und nicht nur etwas vorspielen*. In den Stücken kommt oft ein Erzähler auf die Bühne, oder man hört Songs und Monologe, die das Publikum direkt ansprechen. Man zeigt Spruchbänder*, Filme und Dias auf der Bühne. Alle diese Dinge gibt es nicht im konventionellen Theater. Nehmen wir einmal ein Beispiel. In einem Theaterstück soll von der Arbeitslosigkeit* gesprochen werden. Im konventionellen Theater erscheint die Arbeitslosigkeit als persönliches Schicksal* der Bühnenfigur. Im Epischen Theater sehen die Zuschauer nicht nur eine erdachte* Handlung, sondern sie sehen dort auch noch in Buchstaben* und Zahlen, wie hoch die Lebenskosten*, der Lohn und die Zahl der Arbeitslosen ist.

Brecht will, daß die Zuschauer Spaß am Theater haben, nur soll dies nicht alles sein. Sie sollen auch etwas dabei lernen.

Brecht selbst erklärte einmal den Unterschied* zwischen dem bekannten dramatischen Theater und dem Lehrtheater. ‚Der Zuschauer des dramatischen Theaters sagt: „Ja, das habe ich schon gefühlt. – So bin ich. – Das ist nur natürlich. – Das wird immer so sein. – Das ist große Kunst: Das ist alles selbstverständlich. Ich weine mit den Weinenden, ich lache mit den Lachenden". Der Zuschauer des Epischen Theaters sagt: „Das hätte ich nicht gedacht. So darf man es nicht machen. – Das ist kaum zu glauben. – Das muß aufhören. – Das ist große Kunst: da ist nichts selbstverständlich. – Ich lache über den Weinenden, ich weine über den Lachenden".'

Brecht änderte nicht nur die inhaltlichen Formen* des Theaters, sondern auch
die szenischen Mittel. Wenn zum Beispiel in einem Stück die Nacht beginnt,
dann werden nicht die Lichter auf der Bühne ausgemacht, sondern ein
Mond* aus Papier oder irgendeinem Material erscheint* im Hintergrund. Der
Zuschauer darf bei Brecht niemals vergessen, daß er im Theater ist.

Brecht lernte in Berlin viel von den anderen berühmten Regisseuren, aber
Kurse an einer Arbeiterschule (1928–29) über den Marxismus beeinflußten*
ihn mehr als alles andere. In der Marxistischen Geschichtsauffassung*
beherrschen* die sozialen Zustände das Leben der Menschen. Brecht behauptet
in allen Stücken, daß die Menschen ein Produkt ihrer Verhältnisse* sind.

Der Kaukasische Kreidekreis

In seinen Stücken machte Brecht die Probleme der Gesellschaft einfacher,
damit jeder die Marxistischen Lehren verstehen konnte. In seinem Stück ‚*Der
Kaukasische Kreidekreis*‘* z.B. zeigte er alle Leute der Oberschicht* in Masken
Nur die Arbeiter und Bauern hatten ein natürliches, menschliches Gesicht.
Seit seiner Augsburger Jugend war Brecht von Marionetten und Masken
fasziniert. Masken können den Konflikt von Schein und Sein zeigen. Brecht
trug selbst eine unsichtbare* Maske, denn er wollte für fremde Leute ein
‚gefährlicher Mann‘ sein. Die Maske der Härte* und der Berechnung* trug
Brecht auch, weil er nicht so sein wollte, wie man sich einen Dichter
vorstellte*. Man sollte ihn nicht für einen sentimentalen* Träumer oder einen
unrealistischen* Intellektuellen* halten. Bei seinen Freunden brauchte Brecht
aber diese Maske nie. Er war dort nett, mild und lustig und faszinierte alle.

Brechts erster großer Erfolg in Berlin war die ‚Dreigroschenoper'*. Man sang den ‚Mackie-Messer' Song aus diesem Stück bald in der ganzen Welt, und auch heute hört man es noch oft.

Und der Haifisch, der hat Zähne*
Und die trägt er im Gesicht
Und Macheath, der hat ein Messer
Doch das Messer sieht man nicht.

An der Themse grünem Wasser
Fallen plötzlich Leute um!*
Es ist weder Pest noch Cholera*
Doch es heißt: Macheath geht um.

An 'nem schönen blauen Sonntag
Liegt ein toter Mann am Strand
Und ein Mensch geht um die Ecke
Den man Mackie Messer nennt.

Lied der Spelunken Jenny: Erst kommt das Fressen, dann kommt die Moral.

Dreigroschenoper

*Bert Brecht
und Kurt Weill*

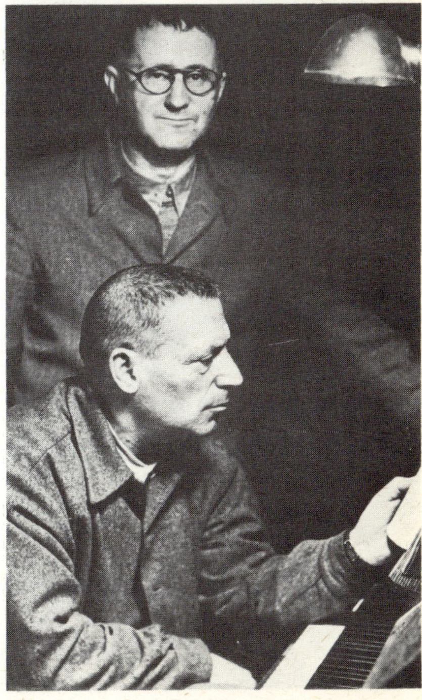

Der Text der ‚Dreigroschenoper' ist von Brecht. Die Musik schrieb sein Freund Kurt Weill dazu, so wie Brecht sich die Musik für dieses Stück vorstellte. Brecht konnte das traditionelle Theater nicht leiden und mochte auch die traditionelle Musik nicht. Er fand die feierliche* Atmosphäre der Konzerte schrecklich. Sogar das Wort ‚Musik' fand er nicht gut, und darum gebrauchte er sein eigenes Wort ‚Misuk'. Dieses Wort, ‚Misuk' erinnerte ihn an das Singen von arbeitenden Frauen.

Brechts Exil (1933–1948)

1933 kamen die Nationalsozialisten in Deutschland an die Macht*. Einen Tag nach dem Reichstagsbrand* – dem deutschen Parlamentsgebäude – verließ Brecht wie viele andere Intellektuelle, die gegen den Nationalsozialismus waren, Deutschland, um von nun an für fünfzehn Jahre im Exil zu leben.

Brecht fuhr über Prag und Wien in die Schweiz. Weil das Leben in der Schweiz aber zu teuer war, fuhr er weiter nach Paris. Da er schon ein bekannter Autor war, bekam Brecht in Paris viele Einladungen. Aber in den eleganten literarischen Salons war er nur ungern. Die leichte Konversation dort fand er langweilig. Er wartete darauf, endlich mal richtig diskutieren zu können. Brecht war froh, als er Paris verlassen konnte.

Er ging nach Dänemark. Hier wohnte er bei einer dänischen Schriftstellerin auf der Insel Fünen. Sein Arbeitszimmer war ein getünchter* Pferdestall. Dort war auch ein Esel*, und Brechte hängte ihm einen Zettel um den Hals. Darauf stand: *‚Auch ich muß es verstehen.‘* Damit meinte Brecht die Idee seiner Stücke.

Sonntag, den 13. Mai 1962, 19.30 bis gegen 23.00 Uhr

Erstaufführung

LEBEN DES GALILEI

Schauspiel von Bertolt Brecht

Musik von Hanns Eisler

Inszenierung: Günther Fleckenstein - Bühnenbild: Friedhelm Strenger

Galileo Galilei	Kurt Ehrhardt
Andrea Sarti	Jürgen Hoffmann / Alfons Lipp
Frau Sarti, Galileis Haushälterin	Maria Singer
Ludovico Marsili, ein reicher junger Mann	Horst Reckers
Der Kurator der Universität Padua Herr Priuli	Hermann Stelter
Sagredo, Galileis Freund	Walter Starz
Virginia, Galileis Tochter	Ingeborg Weickart
Federzoni, ein Linsenschleifer, Galileis Mitarbeiter	Günter Strack
Der Doge	Eugen Bergen
Erster Ratsherr	Erich Stülpner
Zweiter Ratsherr	Max du Menil
Dritter Ratsherr	Alfred Arndt
Cosmo de Medici, Großherzog von Florenz	Bernd Peter Nixdates / Ingo Eckert
Der Hofmarschall	Max du Menil
Der Philosoph	Ralph Bregazzi
Der Mathematiker	Leo Bieber
Die ältere Hofdame	Margarete Schott
Die jüngere Hofdame	Marlen Diekhoff
Ein dicker Prälat	Ewald Gerlicher
Gelehrter	Hanns Müller
Erster Mönch	Uwe Koschel
Zweiter Mönch	Alfred Arndt
Ein sehr dünner Mönch	Wolfgang Velten
Der sehr alte Kardinal	Max Gaede
Pater Christopher Clavius, Astronom	Josef Schaper
Erster Astronom	Siegmund Giesecke
Zweiter Astronom	Erich Stülpner
Der kleine Mönch	Gundolf Willer
Der Kardinal Inquisitor	Wolfgang Engels
Kardinal Barberini, später Papst Urban VIII.	Günther Neutze
Kardinal Bellarmin	Gustav Rothe
Erster geistlicher Sekretär	Uwe Koschel
Zweiter geistlicher Sekretär	Alfred Arndt
Zwei junge Damen	Silvia Hapke / Marlen Diekhoff
Filippo Mucius, ein Gelehrter	Siegmund Giesecke
Herr Gaffone, Rektor der Universität Pisa	Eugen Bergen
Der Balladensänger	Johannes Schauer
Seine Frau	Evy Gotthardt
Vanni, ein Eisengießer	Ewald Gerlicher
Ein Beamter	Erich Stülpner
Ein hoher Beamter	Hanns Müller
Ein Individuum	Wolfgang Velten
Ein Mönch	Uwe Koschel

Männer, Frauen, Kinder

Regieassistenz: Robert Lenkey

Es singt der Knabenchor Hannover unter der Leitung von Heinz Hennig - Musikalische Einrichtung: Erik Tass

Technische Leitung: Albert Deppe - Anfertigung der Kostüme: Ludwig Dörrer - Beleuchtung: Heinz Fiedler - Inspektion: Friedrich Leitz

13 Bilder - Pause nach dem 8. Bild

Das Leben im Exil war Brechts dritte Phase in seinem literarischen Schaffen*.
In der ersten Phase hatte er alles negativ beschrieben, in der zweiten wollte
er durch einfache Kontraste belehren*. Nun hatte er erkannt, daß er die Welt
durch seine Werke nicht ändern konnte. Im Exil began Brechts wichtigste
Schaffensperiode*. 1937–38 schrieb er ,Das Leben des Galilei'. Galileo Galilei
war ein italienischer Physiker und Astronom, der zur Zeit Shakespeares lebte.
Galileo durfte nicht über seine wissenschaftlichen* Erkenntnisse* diskutieren,
weil die katholische Kirche das zu gefährlich fand.

Warum schrieb Brecht gerade zu dieser Zeit ein Theaterstück über einen
Wissenschaftler! In dem Theaterstück erklärt Brecht den Leuten, daß
wissenschaftliche Erkenntnisse Vor- und Nachteile für die Menschen haben
können.

Im Januar 1939 berichtete die Atomforschertagung* in Washington, daß der
deutsche Atomforscher Otto Hahn die Atomkerne* von Uranium gespaltet*
hatte und so eine ganz neue Energiequelle entdeckt* hatte. Schon 2 Monate
später begann man in Amerika mit dem Versuch, Atomkraft als Kriegswaffe zu
gebrauchen. Im Juli 1943 wurde Robert Oppenheimer der Leiter des
Atomlaboratoriums in Los Alamos; er wurde der ,Vater der Atombombe'.
1945 fielen die ersten Atombomben auf Hiroschima (78 000 Tote bei 250 000
Einwohnern) und Nagasaki (39 000 Tote bei 195 000 Einwohnern).

Landestheater Hannover   Opernhaus
Dienstag, 16. Februar 1965, 19.30 bis 22.45 Uhr

Zum ersten Mal

Mutter Courage und ihre Kinder

Eine Chronik aus dem Dreißigjährigen Krieg
von Bertolt Brecht
Musik von Paul Dessau

Inszenierung Günther Fleckenstein
Bühnenbild und Kostüm Rudolf Schulz
Musikalische Leitung Erik Tass

Regieassistenz Rudolf Sparing

Technische Leitung Albert Deppe   Anfertigung der Kostüme Ludwig Dörrer
Beleuchtung Hermann Poppe
Inspektion Friedrich Leitz   Souffleuse Margarete Seidel
Bühnenrechte Suhrkamp Verlag, Frankfurt

Mutter Courage	Grete Wurm
Kattrin, ihre stumme Tochter	Charlotte Weninger
Eilif, ihr älterer Sohn	Axel Böhmert
Schweizerkas, ihr jüngerer Sohn	Till Sterzenbach
Der Koch	Gustav Rothe
Der Feldprediger	Walter Starz
Werber	Jürgen Cziesla
Feldwebel	Heinz Günter Kilian
Feldhauptmann	Leo Bieber
Zeugmeister	Hanns Müller
Yvette Pottier	Marlen Diekhoff
Alter Obrist	Ewald Gerlicher
Zweiter Feldwebel	Günter Stahl
Mann mit Binde	Dieter Traier
Junger Soldat	Rudolf Sparing
Schreiber	Siegmund Giesecke
Jüngerer Soldat, später Fähnrich	Dieter Bähre
Älterer Soldat	Erich Stülpner
Junge Bäuerin	Reinhild Knepper
Junger Bauer	Rolf Schmitz
Soldat mit Pelz	Uwe Koschel
Bäuerin	Gertrud Hinz
Alter Bauer	Max du Menil
Junger Bauer, deren Sohn	Dieter Traier
Gesangsstimme	Ingrid Hoffmann
Soldaten	Manfred Kremling
	Rolf Schmitz
	Michael Maaßen

Vorspiel und 14 Bilder   Pause nach dem 9. Bild

Im Jahr 1939 begann auch der 2. Weltkrieg. Der 1. Weltkrieg im Augsburger
Lazarett war für den jungen Brecht ein furchtbares Erlebnis gewesen. Der 2.
Weltkrieg, der 1945 mit der Atombombe ein Ende fand, zeigte, daß die
Menschen überhaupt nichts gelernt hatten. Diese Erkenntnis zeigte Brecht
im gleichen Jahr in seinem Stück ‚Mutter Courage und ihre Kinder‘. Die
wichtigste Person in diesem Stück ist eine Frau, die Mutter Courage. Mütter
spielen in den Dramen Brechts eine große Rolle, denn er selbst liebte seine
Mutter sehr. Als sie 1920 gestorben war, zog er für immer von Augsburg weg.
Ohne sie konnte er nicht mehr in seinem Elternhaus leben. Der Tod seiner
Mutter hatte Brecht für sein ganzes Leben geprägt*.

Lied von meiner Mutter

*‚Viele gehen von uns, ohne daß wir sie halten.
Wir sagten ihnen alles, es gab nichts mehr. Zwischen
ihnen und uns, unsere Gesichter wurden hart beim
Abschied. Aber das Wichtigste haben wir nicht gesagt . . . .‘*

Frauen spielen in Brechts Werk eine wichtige Rolle. Die Frauen und Mütter
sollen die Welt ändern, denn Brecht meinte: ohne die Hilfe der Frauen kann
es keine gesellschaftlichen Verbesserungen geben.

Brechts Theaterstück ‚*Mutter Courage und ihre Kinder*‘ (1938–39) spielt im 30 jährigen Krieg (1618–1648) in Deutschland. Brecht schrieb in diesem Stück nicht über Könige und Generäle, sondern über eine Frau: die Mutter Courage, und ihre Erfahrungen in diesem Krieg. Sie verkauft alle möglichen Sachen an die Soldaten, denn nur sie haben in dieser Zeit noch Geld. Sie verdient am Krieg, für sie ist der Krieg gut, aber er tötet alle ihre Kinder. Schon in der ersten Szene sagt ihr der Feldwebel*: ‚*Du willst vom Krieg leben, aber dich und die Deinen willst du draußen halten, wie?*‘ – Und während

Mütter Courage mit ihrem Wagen weiterzieht, sagt er (nachblickend):
‚*Will vom Krieg leben
Wird ihm wohl müssen auch was geben.*‘

Brecht wollte aber nicht, daß die Zuschauer Mitleid* mit der Mutter Courage haben. Er wollte klar machen, daß ein Krieg keine Überraschung ist und nicht plötzlich kommt, sondern daß ein Krieg immer lange vorher geplant wird, daß man ihn darum auch verhindern kann.

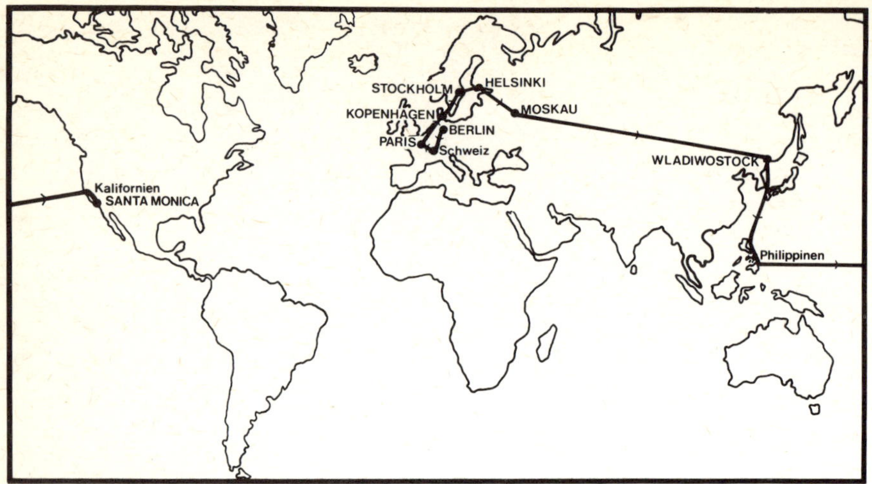

Nach dem Einmarsch* der deutschen Truppen in Dänemark floh* Brecht nach
Schweden und wohnte dort bei einer Schauspielerin*; dann weiter nach
Finnland, wo er aber auch wieder vor den deutschen Truppen fliehen mußte.
1941 bekam er in Helsinki das Visum für Amerika. Die lange Reise führte ihn
über Moskau mit dem Zug durch ganz Rußland nach Wladiwostok. Von dort
mit dem Schiff zu den Philippinen, dann weiter nach Kalifornien. Die
Endstation war Santa Monica bei Hollywood.

In Amerika wie in Frankreich war Brecht nie besonders glücklich. In
Hollywood war er meistens nur mit anderen Exildeutschen zusammen, aber
er kam öfter mit Charlie Chaplin und Charles Laughton zusammen, die er
beide sehr bewunderte.

Einmal fuhr Brecht mit einem Bekannten die kalifornische Küstenstraße*
entlang. Als der Amerikaner ihm die schöne Umgebung zeigte, war Brecht
überhaupt nicht interessiert. Erst als sie in den Hafen von Los Angeles kamen
und Brecht die Hafenarbeiter, die Hafenanlagen und Baracken sah, sagte er:
,Was für eine herrliche Umgebung'. Die Schönheit der Natur ohne Menschen
interessierte ihn nicht.

Auch in Amerika hatte Brecht keine Ruhe. 1947 glaubte man, daß seine
Stücke nur kommunistische Propaganda wären. Er reiste daher so schnell wie
möglich in die Schweiz. Hier wartete Brecht auf ein Visum nach
Westdeutschland. Aber die Alliierten gaben ihm kein Visum.

1949 bekam er sein eigenes Theater in Ost-Berlin, den Wunschtraum seines
Lebens! Seine Frau wurde Leiterin* des Berliner Ensemble im ,Theater am
Schiffbauerdamm' und Brecht der künstlerische Berater*. Bis zu seinem Tod
im Jahre 1956 zeigte Brecht hier seine Theaterstücke.

Brecht hat in seinem Leben sehr viele Stücke geschrieben. Es sind so viele,
daß man sich fragt, wie er die Zeit hatte, so viele Dramen zu schreiben.
Brecht hatte immer einen Kreis von Mitarbeitern*, diese Mitarbeiter waren alle
Frauen.

Brecht 1948

Helene Weigel und Bert Brecht

Brecht heiratete 1929 die Schauspielerin Helene Weigel. Sie war eine der großen Schauspielerinnen ihrer Generation. Brecht war immer glücklich, wenn sie die wichtigen Frauenrollen in seinen Stücken spielte. Seine Mitarbeiterinnen, Elisabeth Hauptmann, Margarete Steffin und Ruth Berlau, folgten ihm auch ins Exil. Sie arbeiteten an den Theaterstücken und Drehbüchern für Filme mit, zum Teil auch an den Inszenierungen.

Brechts Dramen und die Art der Aufführung dieser Stücke gehören zur Theatergeschichte, aber viele Probleme, die Brecht den Zuschauern damals zeigte, gibt es auch heute noch.

Pressenotizen

Haz 4. Dez. 1972 dpa

Mit 1458 Aufführungen in 76 Inszenierungen an deutschsprachigen Bühnen wurde der Dramatiker Bertolt Brecht in der Spielzeit 1971/72 zum meistgespielten Theaterautor. Damit überholte er nach einer Statistik des ‚Deutschen Bühnenvereins' den langjährigen Spitzenreiter* an den deutschen, österreichischen und schweizer Theatern, William Shakespeare, der es auf 1311 Aufführungen bei 73 Inszenierungen brachte.

Haz 17. Dez. 1970

In mindestens drei Erdteilen werden Bühnenwerke von Bertolt Brecht in der Spielzeit 1970/71 aufgeführt. Allein die ‚*Dreigroschenoper*' und ‚*Mann ist Mann*' stehen als die beliebtesten Werke in Valencia, Haifa, Neu Delhi, Buenos Aires, Rio de Janeiro, Rom, Barcelona, Zagreb und Wien auf dem Program.

Der gute Mensch von Sezuan

Bertolt Brecht

1898	am 10. Februar geboren in Augsburg
1916–18	Arbeit im Lazarett
1918	*«Baal»*
1919–22	Studium (Medizin und Naturwissenschaften)
1920	Dramaturg an den Münchner Kammerspielen
1922	Regisseur und Dramaturg an Max Reinhardts Deutschem Theater in Berlin
1923	Kleistpreis

(Literatur Preis, Heinrich von Kleist 1777–1811)

1927	*«Hauspostille»* Gedichte *«Mann ist Mann»*
1928	*«Die Dreigroschenoper»*
1932	*«Die heilige Johanna der Schlachthöfe»*
1933–47	Emigration (Dänemark, Frankreich, Schweden, Finnland, Sowjetunion, USA)
1936–39	mit Lion Feuchtwanger und Willi Bredel Herausgeber der literarischen Zeitschrift *«Das Wort»*, in Moskau erschienen
1938	*«Leben des Galilei»*
1930–40	*«Der gute Mensch von Sezuan»*
1939	*«Mutter Courage und ihre Kinder»*
1940	*«Herr Puntila und sein Knecht Matti»*
1941	nach USA *«Der aufhaltsame Aufstieg des Arturo Ui»*
1943	*«Gedichte im Exil»*
1944–45	*«Der kaukasische Kreidekreis»*
1947	Rückkehr nach Europa (Zürich)
1949	Gründung des Berliner Ensembles *«Kleines Organon für das Theater»*
1956	14 August. Brecht stirbt an einem Herzinfarkt

AUFGABEN

Answer the following questions briefly:

1. How did the young Brecht differ from the usual poet, according to the description of a well known writer?
2. Which two families established the first German banks in the Middle Ages?
3. Where did Brecht get his first taste for drama?
4. Who published his first poems?
5. How old was he when he wrote these poems?
6. Why was he disliked at school?
7. What did Brecht do after he gave up his medical studies?
8. What kind of theatre and music did Brecht dislike?
9. Why did he invent a new word for 'music'?
10. When did Brecht's exile start?
11. What did Brecht find boring in Paris?
12. Which play did Brecht write in 1939?
13. Why did he leave Augsburg for good in 1920?
14. Who played an important role in Brecht's plays?
15. What was his final destination in the United States?
16. What was the general opinion in America of Brecht's plays?
17. Why could he not come back to West Germany?
18. Where did he get his own theatre?
19. When did he marry and whom?
20. When did Brecht die?

Answer the following questions in detail:

1. Why did Brecht, as a young boy, prefer to be in the old parts and suburbs of Augsburg?
2. What was his belief as a pacifist?
3. Why was Brecht himself wearing an invisible mask?
4. Why did Brecht have to leave Germany and go into exile?
5. Who was Galileo Galilei? Why did Brecht write a play about him?
6. Why did Brecht prefer the 'Raumbühne', and what did he try to achieve with it?
7. Why does he think that women are important in society?
8. Describe the three phases of Brecht's literary career.
9. Which main events influenced Brecht's life?
10. All Brecht's plays have a message. Which play and message mentioned in this reader appeal to you? Give your reasons.

Geben Sie eine kurze Antwort zu den folgenden Fragen:

1. Wann und wo wurde Brecht geboren?
2. Was war der Beruf seines Vaters?
3. Wo liegt die Stadt Augsburg?
4. Wo studierte er Medizin?
5. In welchem Vorort von München sang er seine Lieder in den Gaststätten?
6. Wie nennt man Brechts Bühne?
7. Wollte Brecht, daß die Zuschauer nur Freude am Theater haben sollten? Warum/warum nicht?
8. Wie lange war er an einer Arbeiterschule in Berlin?
9. Was ist das berühmteste Theaterstück Bertolt Brechts?
10. Wie heißt das Lied in dem Theaterstück?
11. Wer schrieb die Musik zu dem Stück?
12. Wie lange lebte Brecht im Exil?
13. Warum blieb er nicht in der Schweiz?
14. Wie heißt der ,Vater der Atombombe'?
15. Welches Theaterstück von Brecht spielt im 30 jährigen Krieg in Deutschland?
16. In welchen anderen Ländern hat Brecht im Exil gelebt?
17. Wen bewunderte Brecht in Hollywood?
18. Was war der Wunschtraum seines Lebens?
19. Wer hat ihm beim Schreiben seiner vielen Theaterstücke usw. geholfen?
20. Wer ist Helene Weigel?

Beantworten Sie die folgenden Fragen ausführlicher:

1. Warum sang Brecht während des 1. Weltkriegs in den Gaststätten von Schwabing seine Songs und Balladen?
2. Warum war Berlin die wichtigste Theaterstadt Europas?
3. Was ist im Epischen Theater anders als im konventionellen Theater?
4. An was erinnerte Brecht das Wort ,Misuk'?
5. Warum bekam Brecht in Paris viele Einladungen?
6. Was will Brecht mit dem Stück *,Mutter Courage und ihrer Kinder'* sagen?
7. Warum mußte er Dänemark und Finnland verlassen?
8. Wie kann Brecht von Helsinki nach Hollywood?
9. Wo konnte Brecht seine Theaterstücke zeigen?
10. Wer folgte ihm ins Exil?

WÖRTERVERZEICHNIS

Seite 3

schmächtig	= skinny
nachlässig	= unkempt
der Schriftsteller, -	= author
der Dramatiker, -	= playwright
der Gegensatz, ⸗e	= contrast
der Dichter, -	= author, poet
etwas betonen	= to emphasise
etwas gründen	= to found something
jemandem etwas schulden	= to owe (something to somebody)
bürgerlich (sein)	= middle class
die Abneigung, -en	= aversion
(jemand ist) feingekleidet	= (somebody is) well-dressed
volkstümlich	= popular
der Jahrmarkt, ⸗e	= annual fair
der Bänkelsänger, -	= ballad singer
aufwachsen, (ä), u, a	= to grow up
wohlhabend- Adj.	= wealthy, well-to-do
der Kragen, -	= collar
erziehen, o, o	= to educate
die Gewohnheit, -en	= habit
das Bedientwerden	= situation of being served
sich gesellen	= to join somebody
geringe Leute	= poor people
der Aufsatz, ⸗e	= essay
ehrenvoll	= honourable

Seite 4

der Mensch, -en	= human being
die Haltung, -en	= attitude
lösen	= to solve
das Verwundetenlazarett, -e	= military hospital
das Elend	= suffering, misery
die Sinnlosigkeit	= futility
weichherzig (sein)	= soft-hearted
die Gesellschaft	= society
jemanden anklagen	= to accuse

Seite 5

das Publikum	= audience
etwas entwickeln	= to develop
das Schauspielhaus, ⸗er	= theatre
das Schauspiel, -e	= play
die Handlung, -en	= action, story

Seite 6

etwas vorspielen	= to perform
das Spruchband, ⸗er	= a placard with a slogan
die Arbeitslosigkeit	= unemployment
das Schicksal, -e	= fate, destiny
etwas erdenken, a, a	= to invent
der Buchstabe, -n	= letter of alphabet
die Lebenskosten	= cost of living
der Unterschied, -e	= difference

Seite 7

die inhaltliche Form, -en	= substance
der Mond, -e	= moon
erscheinen, ie, ie	= to appear
jemanden/etwas beeinflussen (-flußt)	= to influence somebody/something
die Geschichtsauffassung, -en	= theory of history
beherrschen	= to dominate
das Verhältnis, -se	= social condition
‚Der Kaukasische Kreidekreis'	= The Caucasian Chalk Circle (title of play)
die Oberschicht, -en	= upper class, ruling class
unsichtbar	= invisible
die Härte, -n	= toughness
die Berechnung, -en	= cunning
sich etwas vorstellen	= to imagine

Seite 8

‚Dreigroschenoper'	= Threepenny Opera
der Haifisch, -e	= shark
umfallen, (ä), ie, a	= to collapse
die Pest	= plague

Seite 9

feierlich	= solemn, pompous

Seite 10

die Macht, ⸚e	= power
an die Macht kommen	= to seize power
der Reichstagsbrand	= burning of the Reichstag
tünchen	= to whitewash
der Esel, -	= donkey

Seite 11

literarisches Schaffen	= literary work
jemanden belehren	= to instruct
die Schaffensperiode, -n	= creative period
wissenschaftlich	= scientific
die Erkenntnis, -se	= knowledge
die Atomforschertagung, -en	= conference of nuclear physicists
der Atomkern, -e	= atomic nucleus
etwas spalten	= to split something
jemanden/etwas endecken	= to discover somebody/something

Seite 12

jemanden/etwas prägen	= to imprint

Seite 13

der Feldwebel, -	= sergeant
das Mitleid	= sympathy

Seite 14

der Einmarsch, ⸚e	= military invasion of another country
fliehen, o, o	= to flee
die Schauspielerin, -nen	= actress
die Küstenstraße, -ssen	= coastal road
die Leiterin, -nen	= director (female)
der künstlerische Berater, -	= artistic adviser
der Mitarbeiter, -	= colleague

Seite 16

der Spitzenreiter, -	= leader

 Published and printed in England by E. J. Arnold & Son Limited, Leeds